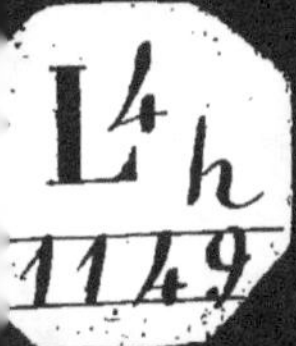

RAPPORT

à Monsieur le Ministre de l'Intérieur

SUR LES OPÉRATIONS

DE LA

COMMISSION RÉGIONALE D'ARTILLERIE DE SAINT-ÉTIENNE

PAR

M. Camille HEURTIER

MEMBRE ADMINISTRATEUR DE LA COMMISSION

14 DÉCEMBRE 1871

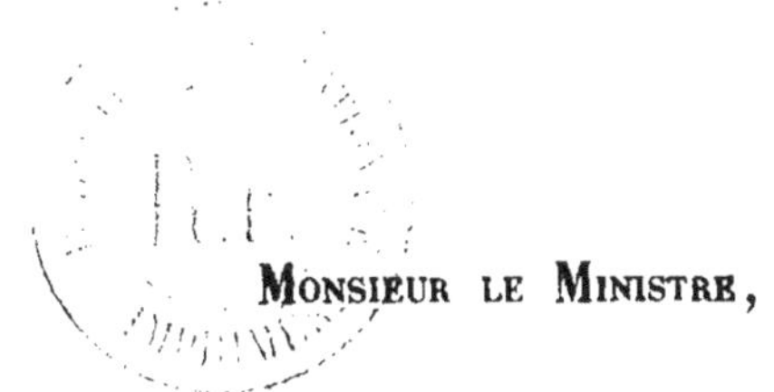

J'ai l'honneur de vous adresser le rapport concernant la gestion administrative et financière de la Commission régionale d'artillerie de Saint-Étienne, instituée par arrêté ministériel du 9 novembre 1870, à la suite du décret du 3 novembre de la même année, sur les batteries de canons de campagne imposées aux départements.

Aussitôt après cette institution, la Commission, originairement composée de six membres, se mettait à l'œuvre et, après s'être divisé le travail, entamait immédiatement ses opérations.

La première question à résoudre fut celle du métal. Le siége de la Commission de Saint-Étienne ne pouvait avoir été choisi que pour employer l'acier dans la fabrication des canons ; sinon les ressources du bassin de la Loire devenaient à peu près inutilisables. L'artillerie de bronze était mieux placée entre les mains des Commissions régionales de Nantes et de Lille ; à celle de Saint-Étienne était réservée, évidemment, l'application de l'acier au nouveau modèle de campagne de M. de Reffye, la pièce de 7 rayée se chargeant par la culasse.

Ce point décidé, il parut indispensable de disposer la production de façon à mettre en œuvre, sans le moindre retard, non-seulement les usines qui fabriquent l'acier, mais encore et pour ainsi dire en même temps les établissements capables de forger les canons et les ateliers d'ajustage disposés pour les finir. La Commission distribua donc immédiatement une commande totale de 600 canons forgés, divisée entre six grandes usines qui combinèrent leurs moyens pour arriver, dans un délai très-rapproché, à cette production considérable.

Il y avait, d'ailleurs, à cette manière de procéder, un motif déterminant, tiré de notre situation militaire. La région attribuée à la Commission de Saint-Étienne s'étendait du centre jusqu'à l'extrême midi de la France et comprenait cinquante-quatre départements. Le bassin de la Loire était le seul centre de production de l'acier et des moyens de forgeage ; les ateliers d'ajustage, au contraire, se rencontraient, en nombre suffisant, dans les divers points de la contrée méridionale, tels que Marseille, Toulon, Nîmes, Montpellier, Toulouse et Bordeaux. Une fois en possession des canons forgés, si l'ennemi, dont on redoutait la marche sur Lyon, eût menacé Saint-Étienne, la Commission pouvait diriger ses pièces sur le Midi où n'existait ni aciérie ni forge, mais où elle était sûre de trouver des finisseurs.

Cette explication est nécessaire pour faire saisir la raison de la division des contrats en canons forgés et en canons finis. En temps normal, il serait naturellement plus simple de commander à l'industrie des canons entièrement finis, ce qui faciliterait singulièrement la surveillance, la réception et les règlements.

A ces six cents canons forgés commandés par la Commission de Saint-Étienne, il convient d'ajouter deux canons antérieurement demandés, à titre d'essai, à la Compagnie des Messageries maritimes de Marseille, ce qui porta à six cent deux canons le point de départ des opérations de Saint-Étienne.

Les contrats furent rédigés sur un modèle uniforme; un cahier des charges, comportant des épreuves rigoureuses, y fut annexé, et le prix fut fixé à 1 fr. 80 c. le kilogramme pour tous les canons bruts de forge, sans distinction de provenance. On laissait à chaque usine la faculté d'employer à cette fabrication la qualité d'acier fondu qu'elle jugerait convenable, pourvu qu'elle satisfît à toutes les conditions de charge et de traction imposées par le cahier des charges. La Commission se trouvait en présence de trois espèces d'acier fondu composant la production du bassin : l'acier fondu au procédé Bessemer, l'acier fondu au procédé Martin et l'acier fondu au creuset; ces trois qualités ont concouru, quoique dans des proportions différentes, à la fabrication des canons de Saint-Étienne.

Aussitôt après la conclusion de ces contrats, vinrent les marchés de canons finis. La Commission, privée des documents nécessaires à la construction dont elle était chargée, fut obligée de faire exécuter tous les dessins et de recomposer tous les textes dont les entrepreneurs avaient besoin. Elle le fit en hâte, au moyen de vingt élèves de l'école d'Angers qu'elle appela à Saint-Étienne et à Lyon. Le prix adopté pour les canons finis fut celui de 7 fr. 30 c. par kilogramme. La Commission ayant mis en fabrication, par des contrats séparés, les canons forgés, fournissait, aux entrepreneurs de canons finis, les canons bruts de forge au prix qu'elle payait elle-même, c'est-à-dire à 1 fr. 80 c. le kilogramme, et payait 7 fr. 30 c. le kilogramme, sans tenir compte du déchet, le poids net des canons finis. Les résultats de l'opération ont démontré que le poids moyen des canons bruts de forge est de 850 kilogrammes, et que le poids net des canons finis ne varie guère que de 600 à 605 kilogrammes.

Presque en même temps s'engageaient les contrats de matériel roulant, de projectiles, de fusées, de harnachements, d'armement et d'assortiment et, un peu plus tard, de hausses de canons. Tous ces marchés, approuvés successivement par M. le Ministre de l'Intérieur, représentaient une somme évaluée, au mois de janvier 1871, à 9,583,200 francs. Par suite de réductions sur certaines commandes en projet, l'importance financière de la totalité des contrats fut ramenée à 7,917,702 francs.

Cinquante-trois marchés furent conclus comprenant, dans leur ensemble, 602 canons forgés et finis, 483 affûts en bois et 636 caissons, avant-trains et arrière-trains compris, 120 chariots de batterie, 82 forges, 40 batteries de harnachements à six chevaux par attelage, 104,000 projectiles, 120,000 fusées, l'armement et l'assortiment nécessaires à environ 66 batteries et aux 82 forges, et 900 hausses appropriées aux canons de longue portée.

Les prix payés pour le matériel roulant et les autres accessoires de batteries furent les suivants :

Affût complet, avec avant-train. . . . .   1,775 fr. » c.

Caisson complet, avant-train et arrière-train compris   1,850   »

Chariot de batterie   1,650   »

Forge   1,900   »

Harnachement (par batterie complète) . . .   31,900   »

Projectiles enveloppés de plomb, par 100 kilogrammes . . . .   80 fr. » c.

Fusées en cuivre et bronze, la pièce   2   70

Armement et assortiment à des prix analogues à ceux des
arsenaux.

A ces prix vint s'ajouter plus tard un supplément de 18 francs
par coffre qu'il fallut payer aux constructeurs pour le comparti-
mentage compliqué dont le dessin fut envoyé par M. de Reffye long-
temps après la signature des marchés, et postérieurement au débit
des bois par tous les constructeurs de matériel roulant.

Pour tous ces contrats, l'État n'a fait aucune avance aux entrepreneurs qui n'étaient payés qu'après livraison et réception. Afin
de ménager le plus possible les ressources du Trésor, la Commission avait imposé aux titulaires de quarante-huit marchés l'obliga-
tion d'accepter, en payement du dernier tiers de leur commande,
des bons du Trésor à six mois d'échéance que la Commission devait
leur délivrer deux mois après la livraison, ce qui portait à huit
mois l'échéance effective du dernier payement.

Telles sont les conditions dans lesquelles s'est poursuivie l'exécution des contrats de la Commission de Saint-Étienne. La livraison
de tous ces objets d'armement, si nécessaires alors à la défense
nationale, devait s'effectuer à très-bref délai. Malgré toute la dili-
gence apportée par la Commission et par les entrepreneurs eux-
mêmes, l'armistice d'abord, la paix ensuite survinrent avant la
terminaison des travaux. Il s'ensuivit, dans l'exécution des commandes, un ralentissement sensible, lequel, d'ailleurs, concordait
avec la situation politique et financière de l'État. Le nouvel ordre
d'idées dans lequel entrait le pays engagea la Commission à dimi-

nuer, autant que possible, les dépenses de l'armement. Sur les marchés dont l'exécution était peu avancée elle opéra des réductions, et pensa qu'il était convenable, à plusieurs points de vue, d'arrêter le travail de finissage sur un certain nombre de canons.

Néanmoins, dans l'espace de huit mois, tous les contrats de canons forgés, de matériel roulant, de harnachements ont reçu leur pleine exécution. Les marchés de canons finis, de projectiles, de fusées, d'armement et assortiment se sont, au contraire, soldés avec des diminutions notables. Je me hâte de dire, toutefois, que si la dépense réelle est restée très-inférieure à la dépense prévue, ce résultat ne tient pas seulement à la réduction de ces derniers contrats; il provient aussi, pour une part importante, de la manière de procéder qu'a employée la Commission dans les règlements définitifs avec les constructeurs de canons. Je place ici, à dessein, cette remarque sur laquelle j'aurai l'occasion de revenir tout à l'heure, parce qu'elle constitue un élément qui pourra vous servir, Monsieur le Ministre, à apprécier la réclamation collective qui vous a été adressée, en suite de nos règlements, par les constructeurs et maîtres de forges du bassin de la Loire.

Quoi qu'il en soit, la dépense prévue qui, comme nous venons de le voir, s'élevait à 7,917,702 francs a été finalement ramenée, dans l'œuvre de la liquidation, à 6,531,425 francs de dépense effective. Le crédit total ordonnancé au profit de la Commission montait à 7,399, 826 francs s'appliquant savoir :

3,399,826 francs à l'exercice 1870;

4,000,000 francs à l'exercice 1871.

Le résultat de la liquidation laisse libre, sur l'exercice 1870, un excédant de 772,021 fr. 80 c. et, sur l'exercice 1871, un excédant de 96,378 fr. 59 c., soit, sur les deux exercices réunis, 868,400 fr. 39 c.

Ce chiffre n'est pas absolument définitif, mais il ne saurait être modifié que dans une proportion très-minime par les sommes à payer que toute liquidation laisse forcément après elle, à moins que la réclamation des entrepreneurs, dont j'ai parlé plus haut, ne soit accueillie favorablement et ne donne lieu à une dépense supplémentaire.

Au milieu des contrats que je viens d'énumérer, la construction qui a surtout préoccupé la Commission, et qui doit vous être principalement signalée, est celle des canons finis. Le travail de finissage sur les canons en acier est extrêmement long ; on a calculé qu'il fallait, pour finir un canon, environ 500 heures, soit 50 jours de travail de tour, à raison de 10 heures par jour. La Commission n'a fait construire que 36 canons en bronze ; tous les autres sont en acier fondu. D'après un tableau que j'ai joint au procès-verbaux de réception et qui porte la récapitulation des 602 canons forgés, formant notre point de départ, 366 canons entièrement finis ont été remis et livrés dans les arsenaux, 121 ont été rebutés et 114 restent, dans les diverses usines de nos entrepreneurs, inachevés ou bruts de forge, à la disposition de l'État.

Sur les 121 canons rebutés, 55 l'ont été pour défauts dans la matière, et 66 pour des défauts d'ajustage. 58 ont été rebutés étant entièrement finis, 60 en cours d'exécution et 3 encore bruts de forge. Sur les 58 canons entièrement finis, ayant, par conséquent, reçu une somme très-importante de travail : 19 ont été rebutés pour des défauts de matière que le tir a mis à découvert, 25 pour des défauts d'ajustage autre que le calibre d'alésage, 14 pour alésage trop grand.

Dans les 115 canons qui restent à la disposition de l'État, 65 ont reçu un commencement d'exécution et sont à divers degrés d'avancement; 50 sont entièrement bruts de forge.

Tous les marchés, autres que ceux de canons finis, n'ont présenté aucune difficulté dans le règlement. Il n'en pouvait être de même pour le finissage des canons, à cause de la division du travail et de la répartition des responsabilités. Voici comment a procédé la Commission : chez chaque titulaire d'un marché de canons finis, elle a relevé le nombre des rebuts et les a divisés en deux catégories : rebuts pour métal, rebuts pour ajustage, incombant, les uns au producteur de l'acier, les autres au finisseur. Une fois les factures de canons finis dressées, après déduction de la matière et des gabarits fournis par la Commission, nous avons fait supporter à l'entrepreneur la valeur du métal de tous les canons rebutés chez lui pour défauts d'ajustage, et nous avons reporté au débit du producteur d'acier la valeur du métal de tous les canons rebutés pour défauts de matière. C'est ce qui explique que certains producteurs d'acier qui étaient, en même temps, entrepreneurs de canons finis, ont vu déduire de leurs factures un nombre de rebuts plus grand que celui qui s'applique à leur propre marché de canons finis. Tout cela, on le comprend, n'a pu s'exécuter qu'au moyen de registres régulièrement tenus, que la Commission et ses agents ont constamment gardés dans leurs mains et qui ont retracé toutes les diverses phases de la fabrication, en conservant les marques d'origine.

La Commission ayant pris forcément, par l'organisation des contrats que j'ai expliquée en commençant, la position de fournisseur de la matière aux entrepreneurs de canons finis, elle a dû payer la main-d'œuvre sur les canons dont le rebut n'incombait pas au finisseur. Mais elle a refusé de laisser pratiquer aux producteurs d'acier le remplacement en nature des canons rebutés pour métal, et elle a tenu à rentrer dans ses débours au moyen de la déduction sur le solde à leur payer.

Quant à la main-d'œuvre appliquée aux 65 canons qui sont en cours d'exécution, elle a dû repousser la demande de payement qui lui en était faite, en ce qu'elle ne ressort pas rigoureusement des contrats et que, s'il y a une indemnité à accorder de ce chef, c'est une question réservée à l'appréciation ministérielle.

Tous les canons livrés à la Commission, à l'exception de ceux du Creusot qui ont été envoyés à Tarbes par l'ordre de M. le Ministre de la Guerre, ont été essayés à la poudre. Sans entrer dans les détails que donnera le rapport spécial de la Commission, je peux, dès à présent, constater que les essais ont été très-satisfaisants. Le mécanisme a bien fonctionné; la justesse du tir est parfaite. Toutefois, je dois mentionner qu'il y a eu deux canons brisés sous l'effort d'une surcharge de 250 grammes de poudre en grains, insérée dans les rondelles de poudre comprimée; je me hâte d'ajouter que la gargousse, à culot de cuivre mal recuit et de mauvaise qualité, contenait une poudre actuellement soumise à une analyse minutieuse, mais dont la propriété brisante à l'excès est dès à présent constatée. Évidemment, dans le système de M. de Reffye, le rôle de la gargousse est de premier ordre; dans tous les cas l'addition de poudre en grains dans l'intérieur des rondelles de poudre comprimée constitue un mode d'épreuve qu'il faudra absolument modifier, si on ne veut pas, de parti pris, aller contre la base rationnelle de l'invention.

En résumé, en tenant compte de l'observation qui précède, la Commission de Saint-Étienne a pu, dans un espace de temps relativement court, obtenir 364 canons entièrement finis et 115 canons inachevés ou bruts de forge. Les premiers sont dans les arsenaux; pour les derniers, il sera utile de prendre, le plus tôt possible, la détermination de les faire emmagasiner dans un dépôt de l'État, afin de ne pas les laisser épars dans les divers ateliers de nos entrepreneurs.

Restent les rebuts, dont la conservation entre les mains de l'industrie privée soulève une question d'une certaine gravité. On n'a pas oublié, en effet, qu'une disposition législative récente a remis en vigueur la loi du 20 juin 1860 sur la fabrication et la vente des armes de guerre. Or, dans les 121 rebuts que j'ai classés précédemment, il y a 58 canons complétement finis; dont la plus grande partie, il ne faut pas se le dissimuler, pourrait être mise en service. Tous les industriels ont émis la prétention de tirer parti de ces canons, et même de faire achever ceux qui ont été rebutés en cours d'exécution; l'État entend-il leur contester ce droit, ou, si ce droit existe en vertu de l'article 9 de la loi précitée, convient-il de prendre des mesures pour le réglementer? Il n'appartient qu'à vous, Monsieur le Ministre, de rendre une décision qui saura, j'en suis convaincu, concilier tous les intérêts.

Avant de terminer, permettez-moi, Monsieur le Ministre, de revenir sur la réclamation collective qui vous a été adressée par les maîtres de forges et les constructeurs du bassin de la Loire. Le grief articulé par ce document est que la Commission de Saint-Étienne a été trop sévère dans les réceptions et trop rigide dans les règlements.

La sévérité de la Commission s'explique facilement par la nature même de sa mission. Il faut se rappeler que jusqu'à présent la construction des canons en acier a rencontré, chez nous, une grande résistance, et qu'en inaugurant cette fabrication, la Commis-

sion a dû s'entourer des précautions les plus minutieuses, indis-
pensables au succès de sa tentative. Les épreuves du métal ont été
faites sur chaque pièce; la fabrication a été suivie avec une scru-
puleuse attention dans toutes les périodes du travail; la règle des
réceptions a été, en effet, très-rigoureuse. Mais. il faut le dire, je
crois bien que, dans la plainte des industriels, il y a, de leur part,
une illusion sur cette sévérité. La production d'un canon est une
œuvre très-difficile, très-délicate, qui ne saurait être comparée à
aucun des travaux qui alimentent nos usines. Les forges du bassin
de la Loire comme les ateliers d'ajustage ont abordé cette entreprise,
toute nouvelle, sans en connaître, ni même sans en soupçonner
toutes les difficultés; et, comme cette fabrication exige une précision
dont la portée n'est connue que par les hommes spéciaux, il s'ensuit
une profonde divergence d'opinions sur les motifs d'un rebut. Une
soufflure dans le métal, une éraflure ou un arrachement dans les
chambres ou dans la rayure, un excès de diamètre dans l'alésage,
même d'un dixième de millimètre quand le diamètre dépasse
85 $^{m}/_{m}$ 3, paraissent aux constructeurs des défauts insignifiants qui
ne sauraient motiver un rebut. Pour la Commission, au contraire,
ces motifs ont été déterminants. Vainement les industriels ont-ils
fait valoir qu'ils s'étaient courageusement mis à la disposition de
l'État, munis d'un outillage qui n'était pas créé pour les travaux de
l'artillerie, il a été impossible à la Commission d'user d'indulgence
en face d'exigences techniquement absolues.

En ce qui concerne les règlements, la manière de procéder
découlait naturellement des contrats. A la vérité nous avons été
rigoureux, mais, comme il s'agissait de deniers publics, nous n'avons
pas pensé pouvoir faire autrement que de nous en tenir à la signi-
fication la plus étroite des marchés. Sous ce rapport l'insistance
des industriels devient très-explicable, quand on sait que les
sommes déduites ou non payées par la Commission représentent,

pour eux, un chiffre de près de 400,000 francs se subdivisant ainsi :

Le métal de 121 canons rebutés à 1,530 francs par canon, ci . . . .   185.130 fr. » c.

La main d'œuvre sur 58 canons rebutés, étant finis, à 2,850 francs par canon, ci . . .   165.300   »

La main d'œuvre sur 60 canons rebutés en cours d'exécution, à raison de 800 francs en moyenne par canon, ci . . . .   48.000   »

Total . . . .   398.430 fr. » c.

sans compter le travail appliqué à 65 canons inachevés sur les 115 qui restent à la disposition de l'État dans les usines, travail qui peut être approximativement évalué, en moyenne, à 400 francs par canon, soit une autre somme totale de 26,000 francs.

Je le répète, la Commission n'a rien voulu prendre sur elle, dans le sens d'une interprétation large des contrats, mais ce que la Commission n'a pas fait, vous pouvez le faire, Monsieur le Ministre, si, après avoir examiné la réclamation des industriels, vous reconnaissez qu'il y a lieu de revenir sur certains points de leur règlement.

Quant à moi, je ne puis que vous signaler l'extrême bon vouloir et l'empressement que la Commission a rencontrés dans tous ces maîtres de forges et constructeurs du bassin de la Loire, au début et pendant la durée de toutes nos opérations. Comme vous pouvez le voir par les signatures au bas de leur écrit, les pétitionnaires sont les principaux industriels du pays; ils sont tous à la tête des plus

grandes usines de cette contrée où, en cas de guerre, on trouverait
tant de ressources !

A ce propos, qu'il me soit permis, sans empiéter sur le rapport
d'ensemble qui sera présenté par la Commission de Saint-Étienne,
de dire mon sentiment personnel sur l'immense parti qu'on peut
tirer du concours de l'industrie privée dans l'armement du pays. La
contrée industrielle qui s'étend de Lyon à Saint-Étienne et Firminy
est merveilleusement dotée en vue des travaux de la guerre. On y
trouve, dans des conditions supérieures à celles de tout autre point
de la France, la production de l'acier, les plus puissants engins de
forge, des ateliers d'ajustage parfaitement outillés, des fonderies de
bronze et de fer, le tout groupé dans un intervalle assez restreint, au
milieu d'une population ouvrière très-habile, où l'élément étranger
se mêle peu et où, par conséquent, les grèves n'ont pas de prise. Le
haut personnel des établissements métallurgiques est d'une aptitude
remarquable ; nul doute que du jour où l'Administration française
aura résolu de s'adresser à l'industrie privée pour concourir à l'armement, elle n'obtienne, en peu de temps, et des perfectionnements
nombreux et une notable diminution des prix. La conservation des
arsenaux de l'État n'aurait plus pour objet que la fabrication des
types et la formation des contrôleurs.

Mais ce dont il faut se garder comme d'une illusion des plus
dangereuses, c'est de l'idée de créer, au profit d'un établissement
privé, quel qu'il soit, une sorte de monopole ou de fabrication pri-
vilégiée. Il importe au plus haut point, non pas d'alimenter d'une
façon continue toutes les usines propres au travail d'armement, ce
qui serait impossible, mais de les tenir en haleine par des commandes périodiques sagement réparties, afin que les industries spéciales
tiennent en réserve l'outillage qui convient à cette production, et
qu'au jour du danger elles soient prêtes à fonctionner uniquement

pour le compte de l'État. C'est la seule manière de maintenir entre elles la concurrence et l'émulation dont on doit attendre d'immenses résultats, et de constituer un formidable outillage de guerre qui ne coûtera rien au pays.

J'ai l'honneur d'être, Monsieur le Ministre, avec une respectueuse considération, votre très-humble et très–obéissant serviteur.

C. HEURTIER

MEMBRE ADMINISTRATEUR DE LA COMMISSION D'ARTILLERIE

DE SAINT-ÉTIENNE.

Paris, le 14 Décembre 1871.

3532 — Paris. — Imprimerie Poitevin, Ve Éthiou-Pérou Sr, rue Damiette, 2 et 4.

www.ingramcontent.com/pod-product-compliance
Lightning Source LLC
Chambersburg PA
CBHW061632050726
47595CB00007B/3173